LE VOYAGE

DE

CHANTILLY.

LE VOYAGE

DE

CHANTILLY;

PAR LE CITOYEN DAMIN. *(Louis)*

A PARIS,

De l'Imprimerie d'Hacquart, Imprimeur du
Directoire Exécutif.

1796.

LE VOYAGE

DE

CHANTILLY.

Envoi à ma Mère.

Vous n'avez point vu ces séjours,
Retraites d'un héros, asyles des amours ;
Séjours qu'ont embelli les arts et la nature.
De son onde limpide et pure
Vous n'avez point suivi les aimables détours :
Vos pieds n'ont point foulé sa riante verdure:
Vos yeux émerveillés à l'aspect du hameau
N'en ont point admiré le ravissant tableau :
Vous n'avez point erré dans ses charmans boccages ;
Et dans un doux repos, emblême du bonheur,
Vous n'avez point respiré la fraîcheur
De ses voluptueux ombrages.
Non, vous n'eûtes jamais de goût pour les voyages,
Je veux de celui-ci vous épargner les frais.
N'allez pas toutefois dans ces faibles essais
Chercher de ces beaux lieux les fidèles images.
Comment vous peindre leurs attraits !
Mes crayons encore novices

A 3

Ont tracé sans orgueil des croquis imparfaits.
Heureux si vous daignez sourire à ces prémices !
Heureux si vos regards indulgens et propices,
   Voulant juger de Chantilly
   D'après ces légères esquisses
Ne sont pas en chemin arrêtés par l'Ennui !

LE DÉPART.

Le Cavalier démonté.

UNE semaine s'était écoulée, depuis que Valère et moi nous habitions la maison de campagne de mon père, chaque jour ramenait le même cercle de plaisir et de délassement. Toujours la chasse, la promenade ; toujours les mêmes visages : rien de neuf, rien de piquant. « Que » faire aujourd'hui ? me dit Valère : ce serait dommage » de perdre une aussi belle journée ». (En effet le temps était superbe,) tous deux dans le silence, nous méditions sur le meilleur emploi de notre temps. — « Allons à Chantilly, m'écriai-je comme par inspiration --- », Eh bien, allons à Chantilly ; répond Valère en me frappant dans la main : et sans perdre de temps, nous louons des chevaux, et nous partons. C'était autant qu'il m'en souvient le 27 août 1790.

Un mot lecteur sur les voyageurs dont tu vas lire les aventures. Valère, gros, gras, court et joyeux, monté sur une jument efflanquée et de maigre encolure, offrant quelque ressemblance avec Sancho-Pança et sa chère flanquine. Valère, d'ailleurs était assez bon cavalier. Quant. à moi ; mon visage peu nouri, ma taille svelte, la maladresse avec laquelle je maniais mon cheval, et les grimaces effroyables que me faisait faire le trot un peu rude de mon coursier, me méritaient à juste titre le surnom de chevalier de la triste figure.

Nous étions déjà hors des murs de Nanterre, lorsque nous apperçûmes à travers un nuage de poussière un carosse à huit chevaux. C'était la diligence de Caen. Valère de piquer l'haridelle : et moi de l'imiter, jaloux de paraître aussi bon cavalier que lui. Déjà nous l'atteignons, déjà même nous l'avions devancée ; et fier comme un Saint-George, je m'applaudissais d'avoir su jusques-là conserver mon équilibre, lorsqu'une secousse inattendue me fit perdre l'étrier. Je veux arrêter mon cheval ; mais empressé de marcher sur les traces de sa chère flanquine, il ne connaît plus de frein. Dans cette situation critique voulant éviter une chute inévitable, je me cramponne après la selle, et je cherche à ressaisir l'étrier : mais pour comble de mésaventure, la selle tourne, et je tourne avec elle. Me voilà donc pied à terre, pestant contre cette maudite selle que je cherche à remettre en place, donnant à tous les diables et le garçon d'écurie pour l'avoir si mal attachée, et les étriers pour ne point tenir dans mes pieds, lorsque cette maudite diligence, que nous rions dépassée avec tant de fierté , arrive à point nommé pour être témoin de ma disgrace et de ma confusion. Je laisse à penser si je fus brocardé : j'avais à faire à des normands.

Le bon vin blanc.

Mon cheval resellé tant bien que mal, je rejoignis Valère , qui me demanda malicieusement et avec l'intérêt le plus perfide si je ne me trouvais point mal de ma chute. Je répondis en affectant de sourire , et trotai de nouveau , mais plus prudemment. Tout en réfléchissant sur l'instabilité des grandeurs humaines , nous arrivons au pont de Neuilly.

> Pont qui fais honneur à la France ,
> Dont la noble simplicité
> Est cent fois préférable à la magnificence
> Des beaux ponts de l'antiquité.
> O pont superbe et tant vanté !
> A ton sublime aspect la Seine curieuse,
> Pour mieux admirer ta beauté
> Ralentit de ses eaux la course impétueuse.

A son exemple, nous ralentîmes le trot de nos chevaux, et nous contemplâmes avec plaisir ce pont , et les sites enchanteurs qu'offrent les bords rians de la Seine , et les îles délicieuses que son onde environne.

De là pour gagner Saint-Denis au plus vîte , nous traversâmes Neuilly , village renommé jadis par ses gâteaux feuilletés, et plus encore par ses ratafias exquis, connus sous le nom de ratafias de Neuilly : ratafia dont le souvenir est encore cher à nos ayeux. Neuilly, d'ailleurs, est un séjour fiévreux et mal-sain à cause des eaux marécageuses qui l'entourent.

De Neuilly nous trotâmes sans aventure remarquable jusqu'à Clichy-la-Garenne. Bientôt nous apperçûmes Saint-Denis : ce fut alors entre nous une grande question de savoir si nous déjeûnerions à Saint-Denis ou à Pierrefite. Mon cheval et moi nous opinions pour Saint-Denis. C'était le lieu le plus prochain ; et puis on y fait de si bonne talmouses !... J'avais sur-tout besoin de faire une pause, moi dont le derrière commençait à se ressentir très-douloureusement des manières un peu brusques de mon cheval. Valère qui se sentait en bon état, voulut pousser jusqu'à Pierrefite. Nous passâmes donc outre, au grand regret de mon coursier qui s'arrêtait à la porte de chaque auberge.

Enfin, nous voilà dans Pierrefite. Nos chevaux nous conduisent à l'auberge, où nous trouvons pour déjeûner des cotelettes, une omelette, du vin blanc, et par-dessus tout un bon appétit. Aussi nous déjeûnâmes bien. Je dois avouer à la gloire de notre hôte que le vin blanc qu'il nous donna, ne contribua pas peu à aiguillonner notre appétit.

Le bon vin blanc, le vin délicieux,
Que nous bûmes à Pierrefite,
A notre goût il eut plus de mérite

A ij

Cent fois que le nectar des Dieux,
Source sacrée , ô fameuse Hypocrène !
   Le vin blanc qu'on boit dans ces lieux
Est préférable à l'eau de la fontaine :
   Ah ! que ses glouglous répétés
Semblèrent doux à nos sens enchantés !
Souffre , ô bon vin , que ma muse te chante :
   Que ma plume reconnaissante
Célèbre ici ta vertu bienfaisante.
   Graces à toi nous avons goûté
   Le plaisir qu'on goûte à bien boire.
Puissent ces vers que dicte la gaieté
Eternisant à jamais ta mémoire ,
   Jusques à la postérité
   Faire parvenir le mérite
Du bon vin blanc qu'on boit à Pierrefite !

Le cheval débridé.

Notre estomac ainsi lesté , notre écot payé , nos chevaux pansés, sellés et bridés, nous reprîmes notre route. Tout en trotant nous gagnâmes Sarcelles. Là serpente une petite rivière qui sert de lavoir aux blanchisseuses et d'abreuvoir aux chevaux. Là , Valère voulut rafraîchir sa monture. Pour moi je passai outre , non sans peine ; car mon cheval que rien ne peut séparer de son aimable flanquine , manqua me mener malgré moi boire un coup à l'abreuvoir. Mais avec un peu de sévérité je m'en tirai à mon honneur.

Nous vîmes successivement Villiers-Lebel , Écouen ,

le Ménil-Aubry. Tous ces pays offrent au voyageur les points de vue les plus agréables. Arrivés à Champlatreux, la chaleur du soleil, qui depuis long-temps pesait sur nos têtes, jointe à la course longue et pénible qui avait fatigué nos derrières, nous fit mettre pied à terre, et chercher un abri sous les arbres superbes qui bordent l'entrée du château.

Assis à leur ombrage, nous jouissions de la beauté de ce séjour, nous admirions sur-tout la façade magnifique du château, lorsqu'un petit incident vint troubler notre contemplation : j'apperçois mon cheval sans bride. Je me lève... je cours... Heureusement l'animal était d'un caractère pacifique, et ne profitait de sa liberté que pour brouter le gason plus à son aise. Quelle leçon pour les hommes ! et combien il en est qui, s'ils en usaient ainsi, seraient infiniment plus heureux eux-mêmes, et troubleraient moins le bonheur des autres.

Revenons à notre coursier. La bride en main, je le réjoins. A l'aspect du mords il recule, dresse ses oreilles, regarde de côté.... Le champ lui était ouvert. Il ne tenait qu'à lui... Il fut presque tenté de profiter de l'occasion. Je lus dans ses regards le germe de l'insubordination. Je tremblai.... Que faire ? la situation était critique. Parler, agir en maître ?... C'en était fait : il eût secoué le joug. L'abus de l'autorité mène souvent à l'indépendance. Je le savais ; et puis je me rappelai ce vers du bon homme la Fontaine.

Mieux vaut douceur que violence.

Je m'approche doucement de l'animal semi-rétif. Je

le caresse ; je le flatte de la voix et du geste. Il se rend , et saisit de lui-même le mords que je lui présente. Ce n'est pas tout ; il fallait le brider : j'en étais incapable. Valère survint , qui s'en acquitta à merveille.

Ah ! puissent ainsi des lois sages et vigoureuses brider et museler tous ces êtres féroces qui se livrant sans freins à leurs passions désordonnées , couvrent du beau nom de liberté les monstrueux excès de la licence la plus désastreuse ! semblables à ces fleuves impétueux qui ne franchissent les bornes que la nature leur a prescrites , que pour porter dans les campagnes le ravage et la désolation.

Cependant nous mettons le pied dans l'étrier et reprenons notre trot accoutumé. Je n'étais pas encore un habile écuyer ; mais je commençais à prendre un peu d'aplomb, et même Valère trouvait que j'avais assez bonne grace quand j'allais le pas. En traversant Luzarches , nous vidâmes une bouteille de bierre , que la chaleur nous fit trouver délicieuse. Puis nous vînmes à Chaumontel ; de Chaumontel à la Mornage ; puis enfin nous apperçûmes avec un plaisir indicible l'objet de nos desirs , le paradis terrestre de la France, en un mot Chantilly.

Les Ecuries.

Nous nous disposions à faire notre entrée dans Chantilly de la meilleure grace , lorsqu'un homme qui se promenait le long de la route , un bâton blanc à la main , nous aborde fort poliment le chapeau bas , et s'offre de nous servir de guide pour visiter le parc et le château. Nous le remercions de son honnêteté. Il insiste --- ajoutant que son occupation la plus agréable était de conduire les étrangers que la curiosité amène dans ce séjour. Nous entendîmes son langage , et comprîmes facilement qu'à Chantilly aussi bien qu'ailleurs on ne faisait rien pour rien. Résignés à le prendre pour conducteur , nous le prions de nous mener à l'auberge du Signe Royal. Aussitôt de l'air le plus officieux il prend les devants ; et nous le suivons au travers d'une vaste prairie que borde la forêt. Nous cotoyons la pièce d'eau qu'on nomme le grand réservoir , et nous arrivons en face des écuries de l'ex-prince , que nous prenions de loin pour son château. Elles sont magnifiques : l'extérieur annonce un palais , l'intérieur surprend , étonne ; lorsqu'on a vu des hommes , des hommes utiles , des cultivateurs , coucher humblement sous le chaume , on a peine à se persuader qu'un si bel édifice ait été élevé pour servir de demeure à des chevaux. Des chanoines de l'ancien régime , dans leurs réfectoires , n'étaient pas rangés avec plus d'ordre , et servis avec plus d'exactitude et de soins que ne l'étaient à Chantilly les chevaux de l'ex-prince.

Dans le milieu des écuries , s'élève un dôme : Là un vase circulaire , d'airain , sert d'abreuvoir aux nobles coursiers. Au dessus on lit cette inscription :

Louis-Henri de Bourbon , septième prince de Condé , a fait construire cette écurie et les bâtimens qui en dépendent , commencés en 1719 , et finis en 1735.

Cette époque tiendra sans doute un rang distingué dans l'ordre des chevaux. C'est sous ce dôme que dans les fêtes les plus solemnelles on dressait la table du prince. C'est à cette table qu'on a vu s'asseoir des princes, des souverains.

Un petit mot sur l'Hôtesse.

L'aspect de ces fameuses écuries avait étonné mes yeux, mais n'avait pas satisfait mon cœur. Hélas ! disais-je en soupirant, tous ces trésors prodigués pour élever un monument à la vanité ; ils pouvaient être employés à soulager l'humanité souffrante, à faire des heureux !.. Tout en faisant ces réflexions nous descendîmes à l'auberge du Signe Royal ; mais nous arrivions trop tard ; l'affluence des curieux était grande et l'auberge était pleine. Nous songions à chercher un autre gîte ; déja nous étions remontés sur nos chevaux et nous les excitions à marcher ; mais ils étaient fatigués, ils sentaient l'écurie, et ne voulaient pas s'en éloigner. En vain les pressions nous de la voix et du geste ; plus entêtés que des mulets ils demeuraient en place.

Spectatrice de cette lutte et de notre embarras, la maîtresse de l'auberge, en femme bien apprise, vint à notre aide. Elle s'offrit de loger nos chevaux, et nous proposa une chambre chez la veuve Brabant sa parente, qui tient un hôtel garni de l'autre côté de la rue. Nous acceptâmes sa proposition, et après avoir commandé notre dîner et celui de nos chevaux, nous nous fîmes conduire chez la veuve Brabant, qui nous reçut avec beaucoup de politesse, nous assura que nous n'aurions point à nous plaindre d'ell.:, et nous conduisit elle-même à la chambre que nous devions habiter. Elle en fit l'éloge, la trouva fort commode, fort agréable ; ce dont nous la remerciâmes beaucoup : mais comme elle entreprenait sur les agrémens de sa ma'son un discours dont nous n'appercevions pas la fin, nous lui exposâmes que nous étions fatigués, qu'un moment de repos nous flatterait sensiblement ; et madame Brabant se retira de la meilleure grace du monde.

Un homme est-il las d'avoir marché ; il rentre chez lui, s'asseoit et se repose. Mais quand on a couru à cheval, quand le derrière est fatigué ; s'asseoir... c'est se fatiguer encore. Quel parti prendre ? Se coucher ?... C'est sans doute le meilleur. Mais nous avions bien d'autres choses à faire vraiment. D'abo il nous fallait dîner. En second lieu, il fallait nous promener bon gré malgré ; c'était là le but de notre voyage : d'ailleurs cet honnête homme qui s'était offert si poliment de nous servir de guide, était assis sur un banc en face de notre fenêtre : le menton appuyé sur son bâton blanc, les yeux fixés sur la porte de notre hôtel, il nous guettait au passage, hâtant de tous ses vœux l'instant où il pourrait nous développer son rare talent pour la démonstration. Un bon appétit, un bon dîner, sont deux remèdes excellens contre la fatigue. L'expérience nous en convainquit. Nous mangeâmes beaucoup, nous bûmes à l'avenant ; et après avoir frotté nos bottes et brossé nos habits, nous nous acheminâmes vers le château, escortés de notre honnête conducteur.

Le Château.

C'est un château flanqué de tours, entouré d'un large fossé d'eau. Son aspect est imposant : il est avantageusement situé, et domine le parc. L'aspect d'un château fortifié dut sans doute plaire au grand Condé. Un guerrier aime tout ce qui lui retrace l'image de la guerre, le souvenir des dangers qu'il a courus, et de la gloire qu'il s'est acquise dans les combats.

Tous les arts semblent s'être disputé la gloire d'embellir la demeure de ce héros. On ne voit par-tout que trophées érigées en son honneur. Nous admirâmes sa statue pédestre placée sous le péristile du grand escalier, au bas de laquelle on lit ces vers :

Quem modo pallebant fugitivis fluctibus amnes
Terribilem bello, nunc docta per otia, princeps
Pacis amans, lætos dat in hortis ludere fontes.

Nous parcourûmes cette fameuse galerie où le duc d'Anguin, fils du grand Condé, a fait peindre l'histoire de son père. Parmi cette longue suite de tableaux estimés des amateurs, il en est un qui mérite une attention particulière.

Le duc d'Anguin ne pouvant consentir à laisser dans

l'oubli les grandes actions que son père avait faites à la tête des armées espagnoles, et n'osant exposer aux yeux de la France des actions dont Condé avait rougi le premier, fournit au peintre l'idée la plus noble et la plus heureuse. On voit la muse de l'histoire qui arrache quelques feuillets d'un livre qu'elle tient entre ses mains ; on lit sur ces feuillets : « Secours de Cambray, secours de Valenciennes, retraite de devant Arras ». Au milieu du tableau, Condé paraît debout, faisant tous ses efforts pour imposer silence à la renommée, qui, la trompette à la main, publie ses autres exploits.

Le cabinet d'histoire naturelle piqua notre curiosité. C'est une des plus riches et des plus précieuses collections de ce genre. Nous vîmes dans les appartemens plusieurs tableaux fort estimés, du Titien, de Ténières, Lebrun, et autres peintres célèbres.

Cependant le jour s'avançait ; et comme nous desirions fort de nous promener dans le parc, nous remîmes au lendemain à achever la visite du château.

Le Labyrinthe.

Nous traversons la grande cour, au milieu de laquelle s'élève la statue équestre d'Anne-Bourbon de Montmorency, connétable de France.

Enfin, nous voilà dans le parc, étonnés, ravis, enchantés de tout ce qui s'offrait à nos regards. Quoique la saison fut déjà avancée, Chantilly, enfant chéri de l'art et de la nature , semblait jouir encore des charmes du printemps. Nous contemplions avec une curieuse avidité tous les sites délicieux que chaque pas découvrait à nos regards. Un bon dîner nous avait fait oublier nos fatigues ; la curiosité nous rendit toutes nos forces. Après avoir jeté un coup d'œil sur le parterre , nous dirigeâmes nos pas vers le parc de Silvie. Notre guide nous fit voir le pavillon qu'on avait démeublé dans la crainte des brigands qui avaient commis plusieurs vols dans divers pavillons du parc.

Une allée nous conduisit à l'entrée du labyrinthe. Labyrinthe charmant ! Ah ! que sur les pas d'une Nymphe jolie, on s'égarerait facilement dans tes trompeuses sinuosités ! Après maint tours et détours, nous apperçûmes l'amour ou du moins sa statue.

> Il est tout naturel que ce Dieu séducteur
>   Qui ne vit que de perfidie ,
>   Dans un labyrinthe enchanteur
>   Fasse sa demeure chérie.
> Il s'environne ainsi de piège et de détour
>   Pour mieux égarer l'innocence.
> Cœurs novices ! fuyez ce dangereux séjour :
>   Et si sous les traits de l'enfance ,
>   Ce Dieu s'offrait à vous
>   D'un air riant et doux ,
>   Pour vous servir de guide ,
>   Rejetez son offre perfide.
>   Séduits par ses appas
>   Séduits par ses carresses ,

Si vous en croyez ses promesses ,
        Si vous suivez ses pas. . .
    Tremblez. .'. Ce jeune enfant si docile et si tendre
        Prendra bientôt un autre ton.
        Indignés de sa trahison
        En vain vous voudrez vous défendre. . . .
        Ce que vous lui refuserez
        Malgré vous il saura le prendre.
        Puis vainement vous gémirez :
    Ce qu'amour prend , il ne sait point le rendre.
        Vainement vous l'appellerez
        Pour vous tirer du labyrinthe. . .
    « Tirez vous en tout comme vous pourrez » :
    Vous dira-t-il , riant de votre plainte.

Pendant que nous réfléchissions sur les plaisirs de l'amour et sur les regrets dont ils sont suivis , le jour déclinait sensiblement ; et comme nous desirions de voir , avant la nuit , le jardin anglais et le hameau , notre guide , qui n'avait pas perdu la carte sut bientôt nous tirer du labyrinthe , sans avoir besoin du peloton de fil dont Phèdre fit jadis présent à son amant Thésée , lorsqu'il s'en allait combattre le redoutable Minotaure.

Le Hameau.

Je vais essayer de te tracer une esquisse de ces lieux vraiment enchanteurs. Ne crois pas voir éclore de ma plume, cette foule d'agrémens dont ce séjour de délices abonde. Où trouver des expressions pour les dépeindre?

Un canal renferme dans le circuit de ses eaux le jardin anglais. Plusieurs ruisseaux qui en découlent, plusieurs sources qui jaillissent du flanc du rocher, et tombent en cascades, vont par mille détours entretenir la fraîcheur qu'on respire sous les allées et dans les bosquets. Au milieu du jardin le canal, en s'arrondissant, forme un petit port où sont amarées plusieurs piroques avec lesquelles on peut jouir de la promenade sur l'eau. Le rocher, le port, l'antre, la guinguette, charmèrent tour à tour nos regards. Tout en cheminant nous prolongions par le souvenir les douces sensations que ces riantes perspectives nous avaient fait éprouver, lorsqu'au détour d'une allée, l'aspect d'un paysage qu'embellissaient les rayons du soleil couchant, vint frapper nos regards émerveillés. Au milieu d'une prairie étendue, où la fraîcheur des eaux entretient un gazon toujours vert, s'élèvent sept ou huit chaumières jetées sans ordre et sans symétrie. C'est le hameau. Notre guide, en homme expert dans son art, nous en avait ménagé la surprise.

Sur la petite rivière est un moulin ; près du moulin est une chaumière, et près de cette chaumière un jardin potager. C'est-là qu'habite la petite famille chargée de veiller à la garde du hameau. Des vaches, des chevaux, des moutons paissans çà et là, un chien qui les surveille, enfin tout ce qui compose le petit appanage d'un modeste agricole, se trouve réuni dans cette habitation, et concourt à rendre le tableau plus vrai, plus naturel et plus pittoresque.

Les autres chaumières sont d'un genre différent. Leur rustique architecture annonce un intérieur et des meubles rustiques : mais souvent l'apparence est trompeuse, et elles nous en donnèrent une preuve agréable. L'une d'elles est une salle de billard, l'autre un charmant boudoir, l'autre un salon magnifique, etc.

Cependant la nuit qui s'avançait rapidement, et nos jambes appésanties par la fatigue ; tout nous avertissait de remettre au lendemain notre promenade. Nous quittâmes donc le hameau avec regret ; et tout en nous berçant de l'espérance de le revoir, nous arrivâmes clopin clopant à notre hôtel, dont nous avions grand besoin, ainsi que d'un bon souper et d'un bon lit.

Le Réveil.

Mollement étendu dans les bras du sommeil, je me reposais des fatigues du jour ; en un mot je dormais. Ici je pourrais, à l'exemple de bien d'autres, te raconter un rêve que j'aurais fait... en veillant.

Je pourrais, empruntant les graces de la Fable
Et de Morphée implorant le secours,
Faire accourir sur l'aîle des amours,
Quelque songe charmant... d'un effet admirable...
Et tout à coup, au hameau transporté,
Rencontrer au détour d'une secrète allée
Nayade en pleurs, bergère désolée...
Qui peut voir sans pitié les pleurs de la beauté ?
Moi, je n'y tiendrais pas... ma main compatissante
Voudrait en arrêter le cours.

J'essuierais ses beaux yeux : doux soins , tendres
    discours
Ne seraient épargnés... oh ! pour une ame aimante
C'est un plaisir si doux d'être consolateur.
    D'une belle reconnaissante !
Discrètement, sans blesser sa pudeur,
Je sonderais les replis de son cœur.
Pour la guérir du mal qui la tourmente,
Ne faut-il pas en connaître l'auteur ?
Mes caresses bientôt suspendraient sa douleur ;
Et . . . .

Oh ! sans doute alors je ferais des choses charmantes
qui ne laisseraient d'autres desirs que celui de la réalité ;
mais par ma foi, j'ai d'ailleurs assez de choses à desirer :
et j'avouerai tout franchement que je me trouvais
très-heureux de dormir paisiblement sans que mon
imagination inventât de si jolies choses.

J'en étais donc encore à mon premier somme sans
nulle interruption, quoique le coq eût chanté, quoique
l'aurore aux doigts de rose eût ouvert les portes de
l'Orient, quoi qu'enfin l'horloge de la paroisse eût
sonné la cinquième heure du matin, lorsque je sentis
une main qui s'en allait tâtonnant, passant et repassant
sur la couverture de mon lit ; dans son langage muet
elle semblait dire : « Y a-t-il quelqu'un là ? » Pour moi,
(quoique vivement ému, soit de peur ou de quelqu'autre
affection,) je me tins coi, et ne dis mot, retenant
mon haleine, et comprimant tous mes mouvemens.
Mais l'indiscrète main s'assura bientôt que le lit était

occupé , ayant plusieurs fois effleuré mon visage et d'autres parties de moi-même. A la douceur du toucher , à la délicatesse de la peau, à certaine sensation, je reconnus que cette main était celle d'une femme. O vous tous, passés maîtres dans l'art de saisir les occasions et d'en profiter, qu'eussiez vous fait en pareille occurrence ? Je vous vois étendant le bras au milieu des ténèbres (car la clarté du jour ne pénétrait point dans la chambre, les volets étant fermés), je vous vois cherchant à vous emparer de cette main dont le toucher électrique vous eût frappé de la plus vive commotion : déja votre sang circule avec plus de chaleur; les battemens de vos artères se succèdent avec plus de rapidité ; déjà votre bouche entraînée par un tendre mouvement, s'incline vers cette main, et vos lèvres la rencontrant s'y collent avec ardeur. Animé par le prélude, vous poussez votre attaque ; et tandis qu'une de vos mains retient celle que vous venez de baiser, l'autre plus téméraire s'avançant au dessous du bras, saisit la taille de la nymphe invisible. Vous l'attirez, elle résiste, ... les obstacles irritent vos desirs et redoublent vos efforts. Enfin , je suppose que sa défense n'a fait qu'ajouter au charme de votre triomphe ; vous voilà vainqueur ; votre imagination prête mille attraits à votre nouvelle conquête. Curieux de contempler sa beauté, vous quittez le champ de bataille, vous tirez les rideaux, les volets s'ouvrent, le jour pénètre, et présente à vos regards curieux . . . Quoi ! (car enfin tout est possible) vous reculez . . . . vous détournez les yeux . . . insensé ! Vous étiez heureux il n'y a qu'un moment : pourquoi avez vous écarté le voile de l'illusion qui faisait votre bonheur ?

Voilà les dangers , les regrets auxquels votre impétuosité aurait pu vous exposer; plus prudent, je sus les éviter ; et je laissai échapper cette main sans faire le moindre mouvement pour la retenir. « Quoi ! tant de sang froid dans la canicule ! » diront quelques mauvais plaisans. « Egayez-vous , messieurs ; j'y consens d'autant plus volontiers , qu'il est par le monde quelques personnes qui ne me feront pas ce reproche : et leurs suffrages , croyez-moi , sont de nature à me dédommager des vôtres. »

L'île d'Amour.

Nous avions fait vœu de déjeûner à la laiterie , et notre guide nous y conduisit. Elle est située sur les bords du grand canal, auprès du village de Vineuil. C'est là , que sur une table de marbre , autour de laquelle circule un ruisseau qui entretient une fraîcheur continuelle ; c'est là , dis-je , que nous donnâmes carrière à notre appétit. A cette même table, ainsi que nous , s'étaient assis jadis des princes , des héros , des grands hommes. Cette idée ne contribua pas peu à nous faire trouver le lait et le beurre délicieux; tant il est vrai que dame vanité entre toujours pour quelque chose dans nos moindres affections.

Notre déjeûner fait, nous visitâmes la ménagerie , les eaux minérales et la pompe à feu : enfin nous parvînmes

vînmes à l'île d'Amour. C'est un chef-d'œuvre d'art et de goût. C'est un jardin vraiment enchanteur.

D'un bout on voit la Vénus aux belles fesses, de l'autre la Vénus pudique (deux copies fort estimées) Au milieu s'élève la statue de l'Amour. On lit ces vers sur le piédestal.

> N'offrant qu'un cœur à la beauté,
> Aussi nu que la vérité,
> Sans armes comme l'innocence,
> Sans ailes comme la constance ;
> Tel fut l'Amour au siècle d'or :
> On ne le trouve plus, mais on le cherche encor.

Pendant que Valère réfléchissait sur cette inscription, je me prosternai vers le fils de Vénus, et lui fis cette invocation :

> Dieu chéri des amans, daigne entendre ma voix !
> Le destin a soumis tous les cœurs à tes lois :
> Fais les donc respecter. Une beauté rebelle
> Insulte à ta puissance et méconnait tes droits.
> Et que font cependant ton arc et ton carquois ?
> Dompte l'orgueil de cette belle ;
> Perce là de tes traits vainqueurs :
> Vole : cette conquête est digne de tes armes :
> C'est la jeune Daphné, célèbre par ses charmes
> Et plus encore par ses rigueurs.
> Je l'adore . . . mais la cruelle,
> Méprise ma tendresse, et se rit de mes vœux.
> Dans son cœur insensible allume tous les feux,

B

Dont je suis consumé pour elle.
Qu'elle réponde enfin à ma constante ardeur!..
Si graces à toi, de sa faveur
Je reçois les douces prémices,....
Je te jure que nul mortel,
Amour ! d'encens plus pur, de plus beaux sacrifices,
N'aura jusqu'à ce jour fait fumer ton autel.

Je restais incliné, attendant la réponse du dieu. Il ne parla point. Mais qui ne dit mot, consent. Je me retirai donc fort content, dans l'espoir qu'il exaucerait mes vœux et je rejoignis Valère qui parcourait l'île, s'arrêtant à tout ce qu'elle offre de remarquable, comme la bague, la balançoire, l'escarpolette, etc... Tous ces jeux sont entourés de petits cabinets de verdure, destinés à recevoir les spectateurs. Des corbeilles de fleurs, des gazons toujours verds, des bosquets délicieux récréent tour à tour l'œil, l'odorat et l'esprit, et font de cette île enchantée une demeure vraiment digne de l'Amour.

Nous nous rendîmes à la salle d'armes. Du dieu de l'amour au dieu des armes,.... la transition est un peu brusque ; mais, hélas ! elle n'est que trop fréquente ! Nous vîmes une réunion rare et curieuse des armes de tous les peuples anciens et modernes, beaucoup d'armures de nos preux chevaliers, et les armes offensives et défensives de différens peuples sauvages.

Réflexions sentimentales.

Chantilly n'avait plus pour nous de beautés inconnues.

Nous avions visité le parc et le château. Nous remerciâmes donc notre conducteur de manière à le sa-
tisfaire.

Arrivés à notre auberge, nous dînâmes de fort bon
appétit, suivant notre louable coûtume. Madame Brabant,
qui assista quelques instans à notre couvert, nous apprit
qu'on fêtait aujourd'hui le patron de Chantilly, et qu'on
danserait le soir au parc. Cette nouvelle nous réjouit
beaucoup ; nous étions persuadés que tout dans Chantilly devait avoir des charmes, et que le sexe sur-tout
participait aux attraits dont la nature a pourvu ce séjour.
Nous fîmes donc le projet d'assister à ce bal cham-
pêtre.

Comme quelques heures devaient s'écouler avant celle
de la danse, nous résolûmes de les employer à la promenade. La veille, fatigués, pressés par la nuit, nous
n'avions vu le hameau qu'imparfaitement. Nous y
retournâmes ; nous revîmes avec un nouveau plaisir ce
jardin délicieux ; et notre curiosité satisfaite, nous
attendîmes tranquillement que la chaleur du jour fût
appaisée, pour tourner nos pas du côté de la danse.

Etendus tous les deux sur un ban de gazon, auprès
d'un petit canal qu'ombrage une allée de tilleuls,
caressés par le Zéphir, nous méditions dans un silence
aimable, qui n'était interrompu que par le chant des
oiseaux et le doux murmure des ruisseaux. J'avais
tracé sur le sable le nom de la belle Daphné, et les
yeux fixés sur ce nom chéri je m'abandonnais aux

plus douces rêveries. La mélancolie est friande, a dit Montaigne ; elle dispose l'ame à la tendresse. Les plaisirs de l'amour, l'ivresse de la volupté, se retraçaient vivement à ma brûlante imagination ; je portais un regard autour de moi, et je me disais :

Come tutte la cose,
Or sono innamorate,
D'un amor pien di gioia di salute !

Zéphir en se jouant, caresse le feuillage :
Ce ruisseau qui serpente autour de ce boccage,
S'écoule en murmurant, et soupire d'amour ;
Et les hôtes aîlés de ce riant séjour,
Dans leur voluptueux ramage,
Chantent leurs doux transports, et leurs tendres ébats.
Sous ce délicieux ombrage,
Tout aime, tout jouit... Et je suis seul, hélas !..
(En fait d'amour un ami ne compte pas.)
Ah ! si j'étais auprès de mon amie !
O doux aspect de ses appas,
Que tu plairais à mon ame ravie.
En vain à ma brûlante ardeur,
Sa main tant douce et tant jolie,
Opposerait quelque rigueur...
Peut-on long-temps résister au bonheur ?
Oh ! vraiment ce serait folie.
Et puis l'amour si tendrement délie,
Tous ces vains nœuds dont la pudeur
D'une belle enchaîne le cœur !...
Ah ! si j'étais auprès de mon amie !

» Oui , conviens en , Valère , m'écriai-je en me
» tournant de son côté, quelque douce que soit la
» société d'un ami , ce n'est que dans les bras d'une
» amante qu'on peut trouver le bonheur. » Valère
avait trop de cœur pour n'en pas convenir. « En effet,
» ajoutai-je avec chaleur , est-il une situation plus dé-
» licieuse que celle d'être auprès de son amie , de la
» voir , de l'entendre, de la presser dans ses bras, de repo-
» ser sa tête sur son sein , de respirer sa douce haleine, de
» sentir sous ses doigts brûlant d'amour les battemens
» réitérés de son cœur, et les mouvemens de sa gorge
» tendrement agitée ? Ah ! par combien d'attraits puisé
» sans nos yeux alors sont enivrés ! Combien le doux
» son de sa voix charme nos oreilles , et de quels
» tendres sentimens il pénètre notre ame !.. Amour,
» beauté !... Sensations délicieuses , rapides élans de
» l'ame , jouissance céleste !... J'ai connu vos douceurs,
» je me suis enivré de votre volupté.... Alors j'eusse
» préféré cent fois un seul regard , un sourire , un
» baiser de mon amie , une minute écoulée près d'elle,
» à tous les trésors, à l'empire du monde, à l'immor-
» talité ! »

« J'avoue , me dit Valère , m'arrêtant au milieu de
» ce tendre enthousiasme, j'avoue qu'il n'est point de
» plus doux plaisirs que ceux de l'amour ; mais conviens
» aussi qu'il n'est point de regrets plus amers , de peines
» plus cruelles que celles dont son inconstance et sa
» perfidie nous rendent la victime. »

Hélas ! il n'est que trop vrai , lui répondis-je en

soupirant ; et je sentis aussitôt mes yeux se remplir de larmes , au souvenir de tous les maux dont l'amour avait déchiré mon cœur. Valère vit ma douleur, il y fut sensible d'autant plus qu'il s'accusait de l'avoir renouvelée. Aussi , pour fermer cette plaie qu'il venait de rouvrir, employa-t-il tout ce qu'un cœur délicat peut imaginer de plus douces consolations : et je reconnus alors tout le prix de l'amitié.

L'orage.

Nous fîmes nos adieux au hameau ; et marchant vers le lieu où les violons nous appelaient, nous vînmes à la danse augmenter le nombre des spectateurs , n'étant pas chaussés de façon à nous mettre au rang des danseurs: nous étions bottés à notre grand regret ; les danseuses étant fort aimables , remplies de graces et faites au tour.

Cependant la danse s'échauffait ; déja plus d'un cavalier avait pressé la main de sa demoiselle ; déja les danseuses moins réservées, souriaient aux fleurettes. De tendres œillades avaient été données et rendues ; et la coquetterie et la galanterie volaient à l'envi de conquêtes en conquêtes. Chacun se promettait beaucoup des suites de la danse , lorsqu'une pluie abondante tombant tout-à-coup sur le dos des galands et des belles, vint réfroidir leur amoureuse ardeur, et submerger leurs plus douces espérances.

Alors vous eussiez vu la cadence rompue , la danse interrompue, les danseurs et les spectateurs fuyant confusément, et cherchant des abris ; vous eussiez vu les mères courant après les filles, et les maris après leurs femmes, qui dans ce désordre universel, s'égaraient sur les pas de leurs galands : vous eussiez vu maints fichus, ci-devant exhaussés et arrondis, maintenant humbles et affaissés, donner une preuve publique de leur imposture ; enfin vous nous eussiez vu tous deux au milieu des fuyards et des fuyardes, riant des grimaces des vieilles et des minauderies des belles, bravant la pluie et l'orage, nous retirer paisiblement dans notre auberge.

Nous employâmes la soirée à disposer nos petites affaires, de manière à partir le lendemain de grand matin pour Ermenonville ; nous réglâmes nos comptes avec madame Brabant, qui tout en nous écorchant sans pitié nous protesta le plus poliment du monde qu'elle nous traitait en conscience. Quelle conscience est la vôtre Madame Brabant ! Vraiment je serais tenté de la comparer à ces jolies bourses de filets, étroites et justes au premier coup d'œil ; mais qui se prêtent et s'élargissent complaisamment en proportion des louis et des écus qu'on y veut mettre. Madame Brabant, en augmentant ainsi la rotondité de sa bourse, avait considérablement diminué le volume de la nôtre. Nous crûmes cependant qu'en usant d'économie nous pourrions terminer notre voyage avec honneur. Nous étions loin de prévoir les incidens fâcheux qui devaient retarder notre marche, et nous jeter dans la détresse. La fortune nous avait ri jusqu'à ce moment ; nous comptions sur ses faveurs ; mais la volage nous apprit que nous avions compté sans notre hôte.

B

DÉPART POUR ERMENONVILLE.

Le Désert.

A six heures du matin nous étions à cheval. Nous arrivâmes bientôt à la table ronde. Là, au centre d'une demi-lune spacieuse, est une table de marbre, autour de laquelle aboutissent douze avenues superbes, percées à perte de vue au travers de la forêt. D'abord la route parut engageante ; nous nous en félicitions, mais tout changea bientôt de face. Cette forêt que nous traversions avec tant de plaisir, disparut. Au lieu de troter lestement sur la pelouse, nos chevaux enfonçaient jusqu'à mi-jambe dans un sable mouvant, sillonné par les vents et la pluie, et où nous ne voyons d'autres traces d'hommes ou d'animaux, que celles que nous laissions derrière nous. La route devenait de plus en plus difficile. Nos chevaux glissaient sur le roc, et menaçaient à chaque pas de tomber. Nous crûmes prudent de mettre pied à terre, et de les conduire par la bride. Je l'avouerai cependant : nos yeux d'abord attristés, se familiarisèrent avec ce séjour sauvage. Nous trouvâmes des beautés dans ces irrégularités de la nature. Nous fîmes plus : nous quittâmes la route pour gravir sur la pointe la plus élevée d'un rocher dont la structure bizarre nous avait frappés.

Vrais philosophes, hommes
Qui placez le bonheur dans la tranquillité !
Venez dans ce séjour sauvage ;
C'est-là qu'avec la paix règne la liberté.
Vous ne trouverez point sur ces roches stériles
Les frivoles honneurs et les bruyans plaisirs
Qui vous sont offerts dans les villes :
Mais vous aurez moins de desirs,
Un cœur plus satisfait et des jours plus tranquilles.

Nous approchions d'un bois fort étendu ; deux routes s'offrirent à nos regards : l'une plus frayée inclinait à droite ; nous la suivîmes et arrivâmes à l'abbaye de Châlit.

Il est assez ordinaire dans ce siècle de réprocher aux moines et aux chanoines leur inutilité dans ce monde : moi-même jusqu'alors je m'étais souvent permis de leur faire ce reproche, mais j'en reconnus toute l'injustice ; car il est bien vrai que si des hommes, amis de la paresse et de la bonne chère, n'eussent pas, sous le prétexte de chanter les louanges de Dieu, établi leur demeure dans ces bois, à l'effet de soustraire leurs jouissances sacrées aux yeux du monde profâne, et de s'engraisser dévotieusement dans le sein d'une paisible abondance ; il est bien vrai, dis-je, que nous n'eussions trouvé personne qui pût nous enseigner la route d'Ermenonville, n'ayant depuis la table ronde rencontré ame qui vive. Mais l'abbé de Châlit avait un concierge : et c'est ce concierge, qui non moins gras, mais plus charitable que son divin maître, nous mit dans le bon chemin.

Ermenonville.

Un je ne sais quel charme, qui croissait à mesure que nous avancions, nous avertit que nous n'étions pas éloignés d'Ermenonville. En effet, nous decouvrîmes bientôt le hameau, situé dans le fond d'une vallée délicieuse, sur les bords de la Nouette dont l'œil se plaît à suivre les replis onduleux. Dans ce site inégal, quelquefois sauvage, quelquefois riant, toujours pittoresque, la nature à chaque pas différente d'elle-même, déployait à nos regards des beautés toujours nouvelles. Les rochers, les bois, les prés et les eaux, y forment de tous côtés des contrastes piquans, des points de vue enchanteurs. La Nature !...Ah ! ce nom nous rappelle celui de son ami, de son défenseur le plus zèlé, de celui dont la plume à la fois énergique et sensible, élégante et sublime, nous peignit ses charmes avec tant de grace, et nous retraça ses lois avec tant d'éloquence ! O Jean-Jacques ! la Nature se montre ici reconnaissante envers toi. C'est elle qui, dirigée par les mains de l'amitié, s'est plu à embellir ton dernier asyle, l'asyle où reposent tes cendres. Ici tous les cœurs sensibles te rendent un culte.

Ah ! loin d'ici les cœurs indifférens !
Loin d'ici l'envieux, au teint pâle et livide,
L'infâme délateur, l'ami lâche et perfide,

L'insensible beauté, les volages amans !
Loin d'ici, fils ingrats, et vous coupables mères,
Vous qui de votre sein exilez vos enfans,
Et les abandonnez à des soins mercenaires !
    Et vous riches insoucians,
    Qui dans une oisive opulence
    Enivrés d'orgueil et d'honneur,
Contemplez sans pitié les pleurs de l'indigence ;
Et sous le poids de l'or et de la jouissance
    Insultez aux communs malheurs !
    Loin d'ici ! —. Vos regards profanes,
    Souillant cet asyle sacré,
    Troublerait les augustes mânes
    Du sage en ces lieux révéré.
Mais approchez, couple fidèle et tendre,
Qu'amour unit de ses nœuds les plus doux :
Vous pères fortunés, et vous heureux époux,
Des jeux de vos enfans environnez sa cendre !
Ah ! qu'il vienne celui qui parmi les grandeurs,
    Conservant un cœur charitable,
    Se fait un plaisir secourable,
De consoler le pauvre et d'essuyer ses pleurs,
S'attendrit en voyant les maux de son semblable,
Et sourit à l'aspect des heureux qu'il a faits !
    Accourez tous, hommes sensibles !
    Traversez ces ondes paisibles,
    Sa tombe appelle vos regrets.
    Venez arroser ces cyprès :
Sur votre ami venez verser des larmes ;
Pour vous, pour lui, ces pleurs auront des charmes.

B 6

Je n'entreprendrai point la description de ces lieux touchans ; tu les a vus toi-même, et ta mémoire te les dépeindra mieux que ne le ferait ma plume.

La gaieté.

De retour à l'auberge où nous avions laissé nos chevaux, nous commandâmes un très petit dîner, quoique nous eussions un très-grand appétit. Mais si nous mangeâmes peu, en revanche nous rîmes beaucoup. Notre situation cependant n'était pas gaie ; notre bourse était presqu'à sec ; aussi est-il peu d'exemples que des gens dénués d'argent comme nous l'étions, aient ri d'aussi bon cœur que nous le fîmes alors. « Eh ! de quoi riez-vous donc ? me demandera gravement quelque censeur flegmatique ». De quoi ? Je ne sais.... De mille idées folles qui nous passaient dans la tête. Si notre bourse était pauvre en espèces, notre imagination était riche en gaieté. Affligés chacun d'une vingtaine d'années, exempts jusqu'alors de besoins et d'inquiétude, livrés à cette heureuse imprévoyance qui accompagne la jeunesse, nous trouvions dans notre situation je ne sais quoi de neuf et de piquant qui nous divertissait singulièrement. Enfin, nous rîmes de manière, que nous manquâmes de renverser la table, et de briser tout ce qui se trouvait dessus : et songeant tous deux à l'embarras où nous nous serions trouvés, si nous avions cassé, plats, assiettes, verres et bouteilles, n'ayant pas de quoi les payer ; ces réflexions, au lieu de nous rendre plus sérieux, redoublèrent à tel point nos éclats de rire , que la table en trébucha de nouveau , et que nous en gagnâmes un hocquet furieux , qui nous contraignit à demander une demi-bouteille de vin pour l'appaiser.

Nous nous mîmes l'esprit à la torture , pour aviser au moyen de nous procurer de l'argent : mais nous y perdîmes notre latin. Nous résolûmes donc de partir sur-le-champ , et d'aller coucher le soir même chez mon père ; quoiqu'il fût déjà cinq heures après midi , quoiqu'il plut et que les chemins fussent mauvais , quoique nous eussions près de douze lieues à faire et que nos chevaux fussent fatigués.

Nous prîmes donc notre route par Morfontaines , sans nous y arrêter , quoiqu'il mérite l'attention des curieux. En face du château , nous vîmes un grouppe de paysans : ils s'occupaient , non pas à politiquer , à faire des motions , comme c'est la mode à Paris ; mais à danser et se réjouir. ¿Avaient-ils tort ?

> C'était la fête du village ,
> Les paysans jeunes et vieux ,
> Riaient , chantaient , faisaient tapage ,
> Buvaient , dansaient à qui mieux mieux ,
> Comme en pareil cas c'est l'usage.
> Mais tandis que , sans nul chagrin ,
> Ces bonnes gens , le verre en main ,
> Du plaisir savouraient l'ivresse ,
> Nous autres , hélas ! pauvres gueux ,
> Tristes et déconfis tous deux ,

Nous nous en allions à Gonesse,
Contens comme des chiens qu'on fesse.

« Eh ! mais, me dira-t-on peut-être, pourquoi ce
» changement si brusque dans votre humeur ? Quelle
» pouvait être la cause de votre tristesse ?.....
» Vous étiez si joyeux il n'y a qu'un moment. » Il
» est vrai ; mais

En ce bas monde est-il rien de constant ?
Le plus beau jour en un instant
Est obscurci par les nuages :
Au calme on voit succéder les orages :
Tout change : est-il donc étonnant
Que nous soyons d'humeurs volages ?
Et qu'est-ce en effet que l'humeur ?
C'est une plaisante donzelle.
Avez vous aimé quelque belle ?
Elle a ses caprices comme elle ;
Comme elle, elle a ses momens de faveur.

Les contre-temps.

Nous trotons assez passablement jusqu'à l'Ouvres. Là,
pour gagner plus promptement Gonesse, nous prenons
un chemin de traverse. La nuit survient. Bref nous
nous égarons.

Il tombait une pluie froide. « Ah ! disait Valère,
» en soufflant dans ses doigts, que n'est-il avec nous
» notre habile conducteur de Chantilly ! »

Enfin nous arrivons à Gonesse, bien fatigués, crottés, mouillés et morfondus. La prudence nous conseillait d'y coucher, notre bourse ne nous le permit pas. Aussi nous nous contentâmes de souper mesquinement et de faire bien manger nos chevaux, résolus d'arriver la nuit même.

Pour ne pas nous égarer de nouveau, nous nous faisions expliquer plusieurs fois la route de Saint-Denis. « Vous feriez plus sagement de rester, nous disait » l'hôte; il se fait tard; la nuit est bien noire; vous » vous exposez. Eh! qu'avons nous à craindre? De » nous égarer? Vous nous avez si bien indiqué la » route. De rencontrer des voleurs?... Nous sommes » deux à cheval, bien armés. » D'ailleurs, me dis-je en mettant le pied dans l'étrier, que nous prendraient-ils? Nous n'avons que six sols dans notre bourse. Qui n'a rien à perdre, n'a rien à craindre.

Nous traversons Arnouville sans nulle rencontre. A gauche, un paysan qui était en faction, nous crie d'une voix mal assurée, le « qui vive? -- Amis. Sur ce l'officier de garde vient à nous une lanterne à la main. --- Etes vous de la Nation?--- Assurément. -- Vous faites bien morgué : Où allez vous? --- A Saint-Denis. --- Votre passe-port? --- Valère montra je ne sais quel imprimé qu'il avait sur lui. L'officier le prit hardiment, et le tenant à l'envers fit mine de le lire, le trouva fort en règle, et nous le rendit. Là dessus nous leur souhaitâmes le bon soir, ils nous souhaitèrent bon voyage, et nous trotâmes de plus belle.

Nous arrivons à un carrefour. Nous prenons la première route à gauche, ainsi qu'on nous l'avait indiqué. Bientôt nous nous trouvons dans un fond, entourés d'eaux et de bois sombres. Les chemins devenaient de plus en plus difficiles. Nos chevaux fléchissaient à chaque pas : nous mettons pied à terre. Mais mon maudit cheval se faisait traîner et me fatiguait beaucoup. Je passe devant, et Valère marchant par derrière, et lui appliquant par intervalle quelques coups de fouet, me met hors de peine.

Serions - nous encore égarés ? Nouvelle inquiétude. Cependant le chemin devient meilleur. Nous remontons à cheval Un bruit sourd frappe nos oreilles. Aussitôt en vrai Dom Quichotte nous avançons le pistolet au poing prêts à combattre. Le bruit s'accroît : nos chevaux frémissent ; l'approche du danger ne fait qu'irriter notre courage ; nous hâtons notre marche ; et bientôt nous reconnaissons l'ennemi redoutable contre lequel nous venions de prendre les armes. C'était . . . un moulin à eau.

Nous pressons nos chevaux, croyant arriver à Saint-Denis. Mais le bruit du moulin les effraie. Le mien, quoique d'un naturel docile, se roidit, et recule. Il nous fallut déployer toute notre énergie pour les déterminer à passer outre. Bientôt nous appercevons un mur, des maisons. Le cœur nous battait de joie. Nous suivons une rue longue ; mais, ô vaine espérance ! Hélas ! nous n'étions pas à Saint-Denis.

Nous voilà donc au milieu de la nuit, dans un

village inconnu , assis sur nos chevaux tremblans de fatigue, gelés par un vent froid qui nous coupait le visage, et inquiétés par les hurlemens de tous les chiens dont nous craignions l'approche. Qu'on se rappelle notre marche longue et pénible , les fatigues et les hazards que nous venions d'éprouver, et l'on se convaincra facilement qu'une pareille situation n'avait rien de plaisant pour nous.

l'Hospitalité.

Cependant nous ne perdions point courage , et nous prenons le parti de crier de toutes nos forces, dans l'espoir d'éveiller quelqu'habitant qui nous donne un asyle pour le reste de la nuit. Pendant plus d'une heure les chiens seuls répondent à nos cris par des hurlemens affreux. Une heure sonne : nous perdions les poumons à force de crier : enfin j'entends ouvrir une fenêtre. « Y a-t'il quelqu'un à qui parler ? demandons nous à plusieurs reprises. — Oui , messieurs; répond une voix tremblante : que voulez vous? —— L'hospitalité. Nous sommes égarés, nos chevaux tombent de fatigue, de grace ouvrez nous. ——Dam, c'est qu'à st'heure cy on n'sait pas qui va et qui vient , voyez-vous. — Ne craignez rien , brave homme, nous ne demandons qu'un abri pour nous et nos chevaux : de grace ouvrez nous. — Puisqu' vous êtes de braves gens, attendez moi, mes bons messieurs , j'allons m'habiller, et j'descendrons vous mener chez un d'nos voisins. C'est un brave homme , qu'aura d'quoi vous loger,

vous et vos chevaux. Pour moi j'n'avons pas d'écurie »
Il se hâta de descendre et nous conduisit chez un
honnête laboureur qui nous reçut avec une cordialité
à laquelle nous étions loin de nous attendre.

L'hospitalité était la vertu favorite des Gaulois nos
aïeux. Mais cette vertu si précieuse , devient de plus
en plus rare en France. L'égoïsme l'a bannie des cœurs
de tous ceux qui par leurs richesses sont le plus en
état de l'exercer : et si on la retrouve encore , ce n'est
que chez les habitans des campagnes , qui plus près
de la nature sont moins endurcis que les grands et les
riches , et sentent davantage le besoin et le plaisir
d'obliger leurs semblables.

Au surplus , jamais hospitalité ne fut exercée avec
plus de zèle et de sincérité. Ce bon laboureur avait
serré de la paille dans son écurie. Il enleva sa paille
pour faire place à nos chevaux. Il nous offrit du pain ,
du vin et du fromage : c'est tout ce qu'il avait. Nous
l'acceptâmes car nous mourions de faim. Il fit plus :
découcha sa femme, fit mettre des draps blancs à son
lit , pour nous y coucher nous-mêmes. Sur ce que
nous faisions difficulté d'accepter , dans la crainte de
les déranger. « Couchez-vous, dit-il , vous êtes fatigués , vous avez besoin de repos , bon soir. Mais,
vous ?... N'vous boutez pas en peine : je n'sommes
pas égarés , nous autres ; et pis en pareil cas une nuit
est bientôt passée. --- Vous êtes chez d'pauvres gens ,
ajouta sa femme , notre chambre et nos meubles n'sont
pas biaux , mais y vous sont offerts d'bon cœur. --- Nous

en sommes persuadés, lui répondis - je ; sur ce nous les remerciâmes, et leur souhaitâmes le bon soir. Je laisse à penser si nous fûmes bientôt couchés et endormis !

l'Heureux Message.

Notre réveil fut singulier. Nous nous trouvions à Dugny, sans argent, couchés chez de bons laboureurs à qui nous devions, et ne pouvions rien donner. Car six malheureux sols n'étaient pas dans le cas d'acquitter toutes nos obligations. Nous prîmes le parti d'envoyer un exprès à mon père, pour lui demander l'argent dont nous avions besoin. Ce fut un suisse, gardien du territoire de Dugny, qui se chargea de ce message. Nous lui donnâmes une lettre adressée à mon père, dans laquelle après avoir retracé nos fatigues et notre égarement de la manière la plus touchante, nous terminions par le prier de remettre de l'argent au porteur. Notre suisse partit donc en nous promettant d'être de retour vers cinq heures du soir. On peut juger combien les heures s'écoulèrent lentement au gré de nos desirs. Nous nous promenâmes dans l'espoir de charmer les ennuis de l'attente.

Nous venions de dîner de fort bon appétit ; notre chère hôtesse nous ayant servi une giblotte de lapin, que nous avions trouvé excellente, et dont nous l'avions beaucoup complimentée. Nous nous étions portés du côté où devait arriver notre suisse. Assis entre plusieurs meules de bled, distraits par les jeux d'une douzaine d'enfans, nous l'attendions avec impatience. Déjà cinq heures étaient sonnées, et nous ne le voyons point venir. Point de suisse, point d'argent, disions-nous tristement. Nous craignons s'il tardait davantage, de ne pouvoir nous rendre le soir même chez nos parens. Nous commencions à désespérer.... lorsque Valère apperçut bien loin, à l'extrémité de la pleine, (car en pareil cas on a la vue perçante,) il apperçut, dis-je, un homme en veste, portant son habit au bout d'un bâton, et marchant a grands pas. « Oh ! le voilà : bon, tu veux rire ! --- non pas, c'est lui-même. --- Quoi ! vraiment ? Oui, voilà son chapeau d'uniforme, voilà sa houpette ; oh ! c'est bien lui, c'est lui - même ». Et puis de courir. « Vous voilà donc ? --- Oui. --- Eh bien ! que vous a-t-il remis ? --- une lettre et de l'argent ». L'un prend la lettre, l'autre l'argent. L'un lit, l'autre compte. « Je vous envoie 30 livres. --- Oui, voilà bien 30 livres. --- Vous donnerez 6 livres au suisse. --- les voici ». Le suisse empoche et remercie : il avait chaud ; nous le menons chez notre bon laboureur. Nous lui versons à boire, il boit à notre santé.

Il était près de six heures : nous n'avions pas de temps à perdre. Nous récompensons nos hôtes, et les remercions mille fois des bons offices qu'ils nous ont rendus. Ils nous aident à seller nos chevaux, les bonnes gens ! ils reçurent nos adieux avec sensibilité. « N'oubliez pas de tourner à gauche, quand vous serez arrivés à la grande route, nous répétèrent-ils plusieurs fois : bon voyage, nous criaient-ils de loin,

et ils nous saluaient encore de leurs chapeaux , lorsque nous ne pouvions plus les entendre. Nous avions
cessé de les voir que nous les remercions encore.

Nous pressâmes nos chevaux et nous arrivâmes à
huit heures et demie chez nos parens . sans autre fâ-
cheuse aventure que celle d'être bien fatigués. On
nous reçut en nous embrassant , et en riant de nos
malheurs ; et notre voyage se termina par un bon
souper.

FIN.

www.ingramcontent.com/pod-product-compliance
Ingram Content Group UK Ltd.
Pitfield, Milton Keynes, MK11 3LW, UK
UKHW022345120726
13694UKWH00004B/1695